ALETHEIA

ALETHEIA

(2009)

Jesús Hinestrosa López

Padilla Libros Editores y Libreros
Sevilla 2024

Dibujo de cubierta
Aletheia de Jesús Hinestrosa López

Dibujo de solapa
Aletheia#2 de Jesús Hinestrosa López

Dibujo de contracubierta
¡Saludos, terrestres! de Ángela Hinestrosa García

Dep. Legal SE 1347-2024
ISBN 978-84-8434-825-2

Padilla Libros Editores y Libreros
c/ Trajano, 18
41002 Sevilla (España)
ediciones@padillalibros.com

«Porque un libro es en su pura realidad algo que nace y cumple su destino sin rozar para nada el sentido económico del hombre. Por el contrario, la lectura es en sí actividad gratuita, generosa y desprendida del ser humano. Por consiguiente, y por propia razón de naturaleza debemos rechazar toda intromisión del criterio económico cuando llegue el momento de valorar, pongamos por caso, el Fausto o El Quijote. El no hacerlo así justificaría el extraño caso de que el vendedor en una feria de ganados quisiera granjearse mayor ganancia por su rumiante fundado en el hecho de que sus balidos tienen calidad de soprano».

La responsabilidad del escritor y otros ensayos
PEDRO SALINAS

I like the places
where the night does not mean an end

BONNIE 'PRINCE' BILLY

1

ATERRIZAJE EN LA HERIDA

MEMORIAL DEL RAPSODA

Aborrecida orgía de los límites:
mi cuerpo (oscuro fulgor inasible)
sin magia y sin sosiego descifrando
los rescoldos del procaz paisaje.
Acudes, muerte, porque acudir es tu esencia,
acudes al brote, al estallido, a la parábola,
acerba patria, virgen olor, gnóstica espesura,
jamás de mí, de mí olvidándote;
acudes, jamás despojo del mañana:
cuerpo: en la incruenta soledad del alba.

ESA TERNURA INFECTA

Y en sol oscurecemos. Sabedlo.
Al primer atisbo de esperanza
habrá noche en tu silencio sin rostro,
en mi saliva de piedra.
Y hembras beodas, húmedas como el acero,
se nutrirán de la piel del poeta.
Con mordiscos, desurdirán lo palpado.
¿Y qué más?
Lo insípido desdice sombras, y repudio;
la zozobra de otros muslos, rojo negro sol,
martilleando aún tu andamiaje viviente.
Ceniza es vida.
Palabras. Fornicamos sin tocarnos.

Lo que más duele, más duele.
Esa ternura infecta.

Rudeza olisqueada es plata derretida
sobre el corazón entre las ingles.
Es amar la dura eclosión de uñas y gemidos.
Descender del egoísmo apenas resulta agradable.
Por tal embeleso, es menester los ojos de pie
junto al carbón del deseo
mientras los nervios lo permitan.
¿Seguro?
Tardías rozaduras de horizontes.
Hundido en este pecho temperado
hay calor (efusión) que nada perfecciona.
Y todavía, todavía mueves tus labios, tus labios

bajo estrellas insurrectas.
Animal de las súplicas. ¿Qué sueñas?
Épica del escorpión es despertar humano.

PADRE

Ojalá yo fuese la mitad de valiente
de lo que mi padre es.
Pero no.
A cada cual el azar ha llenado y vaciado
de distintas serpientes, manzanas y orgasmos.

Mi padre camina
a todas horas sobre sus propias hogueras
—sus lumbres gigantes siempre hechiceras—
como bruñendo una hoz húmeda
—que ensancha la herida
del lugareño chiquillo delgado, bizarro—,
mientras los pájaros traducen
el indecible estruendo de su alma celeste:
con tanta naturalidad, desproporción y misterio.

Desde muy niño, o incluso ya antes,
ya antes del tiempo, ya antes del alma,
al mirar a mi padre a los ojos
(abismos perspicuos con la inocencia exacta
del toro y del chopo),
mis ojos adivinaban que aquel hombre
de mirada torbellina
era yo mismo,
yo mismo entre su soledad y sus destellos,
yo mismo sin sus acústicos brazos
de furor agónico aferrándose
incorruptos a las formidables cepas áureas
del presente y del mañana.

Quimérica piel. Yo soy lo que él,
lo arrasado y candente de él,
tras la blancura moguereña y el tridente de seda
del crápula Guadalquivir,
con un tremendo sol de barro arcaico
lamiendo mi cráneo,
dulce cráneo, terrible y esplendente cráneo.
Lo que él: corazón de raíces saladas
entre la realidad de lo que no es realidad:
alegato de un amor devastador,
fecundo, límpido, vernal y delirante.

Algún día también yo luciré,
como él en este ahora torvo y sublime,
los pensamientos del color del mercurio;
algún día, también,
la terca sapiencia que frota las carnes calientes
y agradece el palpitar del lodo prometeico
del alma suya, mía,
fosforeciéndole ebúrnea entre ensueños
y espejos. Mis manos pesarán igual
que orquídeas cenicientas, igual que antorchas
de un licor amortajado y fiel,
igual jamás que sus dos manos
pertinaces, subyugantes, en este ahora
torvo y sublime, con un sol de invierno azul
y tras el sol un cielo extraño, ajado.

DETESTO

Detesto ser confundido
con ladrones y profetas en sus cruces,
en sus avisperos voceando
entre los puestos ambulantes, ya calcinados,
o entre las espesas madres jovencísimas,
todavía con la nostalgia del espanto
hormigueando sobre sus pezones.

Detesto ser aminorado por una federación
de aprensivos sin babaza,
tras la que se esconde o punza
un arsenal crepitante de inmundicia o misticismo
para comida y solaz de los hampones
en penitenciarías de platino,
para quebranto de los desplomados y lerdos.

LA NATA DE MIS MIEDOS

El sótano se alarga por tus huesos; lógico
el demonio del papel en blanco afina sus cítaras
con el pellejo de tu pene. Creas.

Trepidas jactancia como un Alien retroiluminado
en las entrañas. Rechiflan latidos de cosas cercanas,
yacidas tras las picajosas márgenes
de tu conciencia.

Con cada gota loba de placer total,
morros de cerdos endiosados, en pañales conocidos
resbalan hasta hundirse en piélagos inquietos,
soledades escarchadas apilando en tus arterias
sus disfraces vulnerados.

¿Qué imaginas? ¿Qué silencio imaginas?
¿Qué preguntas apaciguan altísimos infiernos?

Se apresuran las cobardes apariencias,
y en ellas quedas apresado;
o será tu inteligencia que, afortunado espanto,
desvencija con pecados y suturas
de tu sola carne esclavizada en noches sin fémina,
los indelebles nidales del terror que amamos.

ÍNFIDO RETORNO

Acero en el almuerzo sin escapatoria;
sobre la mesa ocrácea me lo trago;
hay sol lila, luz fácil y fe de mancebías,
allá fuera,
allá fuera,
sobre las arañadas olas del lacio horizonte
fustigando aligustres medrosos;
estoy en el hogar espesamente;
recién estropeado al fin o al resbalar del autobús
sucio y suicida,
acompañado de bolivianos, de peruanos,
de ecuatorianos, de senegaleses, de costarricenses
y de algún que otro español
con moraleja asexuada, quemadura y anhelo,

porque en mi barrio
hay avispones de dos piernas y dos manos
que berrean
acechando en sus degolladeros, bien lo sabes,
si escaleras abajo ruedan cabezas sin nadie
o timoratas grandezas se arrodillan,
se amoratan poco antes de que el verde odio
electrocute sus creencias,
manadas bestiales con vientres vacíos;
dejo atrás los 5 bloques de opulentos inertes,
pero el perfume pardo que unifica
sus billetes y mi insomnio diurno
desmerece insincero
este monólogo abatido por fuertes miserias:
el ladrido del alma lastimera.

CANCIÓN DIÁFANA

Raíz de luz. Fauces o fragilidad. La noche
demente, depravada, difícil. Me cansé de buscar
pájaros carbonizados bajo palabras a solas.
Fragua del instante: carne. Aterrizaje fecundo
en la herida. Como la poesía. Lumbre. Nada.

EL ATORMENTADO

El atormentado pasa las hojas del almanaque sin ojos;
esta ceremonia bien podría equivaler
al gimoteo refulgente de una niña
que desea tener testículos,
pero el perro lisiado y sus pulgas de oro lo ignoran,
pero las sombras obesas rifan hedores, lejías,
pero la polución de noticieros
ataca el pecho del crédulo,
como onerosos tentáculos espesando mi vida,
como la facilidad de mi fatalidad: congoja metódica.
Más tarde la lluvia tronará,
los gatos umbrosos
destriparán las sombras funerarias de los mármoles
con un chasquido heterodoxo.
Intolerables ecos de campanas
han parido estos colores maleantes solamente para ti.
El atormentado suele plagiar los disparates;
no dejar huellas en la superficie desollada del corazón,
leoncito bisoño, apenas le supone esfuerzo.
Danzas calumniosas enaltecen barros o nostalgias.
Con sórdida pericia el blanco cielo
pone del revés la piel crepuscular;
el mundo externo, su lasitud, y sus monstruos.

CARNÍVORA LUZ PRIMERA

Azul rosado cielo que se despereza.

Azul cristal rosado añil, pelaje de quimeras,
sombras rotas de fecundos pájaros.

Un cielo como pintado con lápices de cera
por un tierno demonio de manos
perfectas.

PRECEPTO Y BASTARDÍA
PARA LA FULGURACIÓN DE
UN SOL SOBRE LOS ALIGUSTRES

De los purpúreos aligustres
ahora escribes.

Relumbran entre demonios de bronce.
¿Herméticos? No. Abigarrados, siseantes
en la matriarcal salutación del orbe.

Aquí están, aquí regüeldan, aquí se mofan de dios
antes del choque supremo,
en aurígera rapiña solar, qué luz su luz
por la ventana abierta.

SABER DE LA NADA

Ardiente dedo acusador,
sobre ti, sobre ti, que nada tienes,
si altivas son las propiedades, y la muerte se ríe,
pues nada habréis de llevaros, nada.

O O O

Melodías vanidosas de los días antinormales,
sobre ti, sobre ti, falsario agotamiento
que sin querer compartimos,
que sin piedad aplaudimos, hieráticos.

O O O

Para salvar el qué, lloráis tanto,
dados a la ingratitud que nutre mucho;
todos quieren cortarte las alas
porque no entienden para qué sirven tus alas.

LA LOZA DE AMARME

Pues que estás vivo, no dejes de cantar
la abrupta tragedia, en este albor sin luz,
sin luz —la loza de amarme—:
te estás helando, entre las brasas, helando,
pingajo, zozobra, acuérdate,
pues eres, aún entre las hienas y la confusión,
eres todavía, acuérdate,
mientras retiemblan tus labios quemados.

POÉTICA DE LA SERPIENTE

Cuando sólo tú crees en el poema, tú,
con los tentáculos rechonchos,
la mascarada corrosiva,
el cóctel litúrgico y las lágrimas certeras
que abrasan la intocable claridad del hombre.

Y el poema fagocita credos insinceros
y es así que las lenguas quedan pegajosas
ante la más incauta parodia del instante.

Porque la finitud sonora
—horror del horror abarrotado de vida—
es lo que existe, es lo que existe, ¿alguna duda?

ALREDEDOR DEL CADÁVER

Desbaratamiento. Antexistir. Cronocloaca.
Vivir es incordio, rata es vivir, panza deforme es
—guarida no obstante antídoto de sombras—:
preñez de las fanfarrias nauseabundas.
¿Y qué la dinamita inservible del YO frente al espejo?
¿Las máscaras salvajes a la hora de la desintegración?
¿La verdadera infamia que no repele tu carne?
Súbito desgarras con tus ascuas tierna melopea
pero el hacha infatigable es: cantar el fuego manso
de las moscas alrededor (inmortal) del cadáver.

TAÑIDOS DE NIEBLA

Acarreabas ladrillos y cemento con agua y arena
y tan cerca, tan cerca de ti,
sudorosos en la amarga luz del alba preciosa,
apenas a 200 ó 300 metros de ti,
de la granja rectangular,
de la barba lotiforme del labriego,
brotando en ellos y en ti el ulceroso ajeno día,
iluminando el templo bochornoso
donde miles de enclenques pollitos
picoteaban aburridas coordenadas sin sol.

Y era allí, allí y allí donde tú pagabas las deudas
de tu incómoda ilusión aséptica,
allí donde flacos hombres
golpeaban con sus flacos martillos los restos
de vías de trenes,
para vender al peso el metal, el metal,
golpeando, golpeando, golpeando sin fin.

CERCANO

Maestro dolor, en tu mensaje yazgo;
y vosotros, ay, vosotros:
cazcarrientos, relamidos o abestiados, barrigudos,
a mi lado de millones de trillones de años luz,
también en el dolor crecéis, subís, retoñáis,

lectores no del hoy, que no os tengo,
futuribles lectores, muchos, pocos, quién puede saberlo,
conmovidos, sibilinos, desiguales,
mezclándoos la piel en los balcones del cosmos,
viejos como pictogramas tensando la aorta
de un buey, jóvenes como la música
de blancos felinos, lectores, lectores; oh sí, vosotros,
vosotros, con pupilas amarillas y la tráquea fría:
¿qué buscáis en mi albañal insomnio;
qué desdichas, arrestos de rumiante, seso torvo?

y tú, Maestro dolor, tú, enemiamigo
plagiando la pringosa burla inmarcesible
de mi canto cercano, cuando la noche es ácrata.

TROPIEZAS Y ACIERTAS

Rescate. Estoy a lo que excretan mis nervios:
exploración desapacible saltándose las lívidas señales
de stop de mi cordura.

Aquí me anclo. Renegado en lo próspero y turbio,
porque ignorar es laberinto amado
de la sórdida cordura, y yo
lo ignoro todo: las monstruosidades con final
feliz y todavía el despertar, el despertar insoportable:
los cansados espacios de mi cráneo en fuga.

Porque creer en algo que no sea la muerte
es música crepuscular sin ojos fijos,
es un fuego acogedor para lo eterno aproximado.

Sarpullen más derribos. Quizás en la frecuencia
del espejo al que se atienen mis costumbres:
soledad de tornar a lo vivo, la carne, su transparencia.

ATERRIZAJE EN LA HERIDA

Desintegrado azul; humillación o cuello roto
del jilguero contra los cristales limpios;
sobre mis manos ver agonizar al pájaro sobre la luz:
quemadura del poema erecto, costra de mis días
con la pureza cercenada, como una daga sin dueño.

EIDETISMOS DEL DIOS PÉSIMO

(O cómo marginar a Rousseau)

Estacionario, inflado, presto al deterioro
y sus corazas; sabes que da igual la realidad
porque la carne, las jaurías, la lascivia,
las llagas, la mugre de la huida
son un motín, un clamor contra el sueño
del dolor, que nace nunca libre, niño bueno, malo
por naturaleza, por amor, terco y apócrifo.

Dios pésimo. Posas tu lengua en la sal de los muros.
Sol con parásitos; paraíso maculoso del piojoso
estar, frente a la noche, o no estar,
bajo aradores candiles de estuco en este mundo.
Herido hierofante treintañal.
¿Será verdad que tú guarezcas la dentera
de los monos escarlatas: su decadencia anchurosa:
su constreñida bulimia para igualar fuego y carnaza?

Tan todavía lobo moribundo, carroño.
Eres ceniciento a pesar del buen sabor de tu caca.
Eres fango inverecundo que se calcina hacia tijeras.
¿Tiovivos de ceguera no chorreas ante la muerte aguda
del varón, el tupido cataclismo de la hembra?
Ortiga cantor. La primavera empieza nunca.
Nunca el azahar, bacante al mediodía de simpleza.

PUEDE QUE VIVO

Naturalmente, concurro en el horror del vivo
que desbarata sus horas con vanos baboseos
y cítoras de cinc, porque también yo expelo
desérticas romanzas contra el rostro de la muerte
y provoco el grito de los gritos
sin ninguna clase de alardes;
vagabundeo, orino, dejando atrás la agraz iconoclastia
del pájaro zahiriendo la nuca del poeta,
la penetrada imagen que destila
fragmentos del amanecer;
soy, tras el féretro de pasta de piñones y azúcar,
la comadreja por contingencia o desgracia,
el rompible dios macerando plantas frescas en alcohol,
y no tengo más esperanza que una boca gris,
bajo insectos de cartón, con azotainas de almizcle,
horrendo entre gorrinos enfermos de luna.

COMO OSCURECE LO DESNUDO

Cunde en nuestra carne la simple tristeza.
Igual lo decadente ya estaba esperándonos,
bajo tan cielo agónico, oh poetas,
lustrados como estábamos de hinchadas inmodestias.
Lo decadente, bueno es repetirlo,
se reproduce en los dorados desperdicios divinos,
en los cuentos de viejas a lo sumo imposibles de olvidar,
en aquellos lejanos septiembres con vosotros,
oh poetas, odiadores todo espaldas.
Los diábolos solares silbaban como un bebé
cubierto de arena negra; igual lo decadente crece
a horas no potables, héticas, mientras nos desnudamos
ahora entre astillas, para volver a la vida rebosantes
del hartazgo mágico, todo sea por aliviar
del amarillo oscurecer a las exuberantes águilas.

MIEDO DE LA NOCHE SIN MIEDO

Miedo al latido extraño, carne roja,
ante la claridad nefasta de tu boca sin mi alma.

Miedo de soñar que lloras,
que tú lloras, lloras sobre mis ojos abiertos.
Miedo. Ir de la mano por las calles cadavéricas,
entre basuras rígidas; la imperfección
de las ingratas caricias;
que nos oigan crepitar bajo el ocaso.

Miedo al sonido del abismo del otro,
al ampuloso deceso de las trabazones corpóreas:
miedo de la noche sin miedo.

LA CREACIÓN

Los simbolistas vinieron a verme
muy vivaces, muy sin iris, muy acicalados.
Antes del coito, antes de las enredaderas,
antes de los gritos opacos y de las cercenadas alas,
los simbolistas vinieron a verme.
¿Para qué acudirían a mí?

Ahora en mi aislamiento, en la carestía
de mi dolor del mundo, en este frío sin mudez,
junto a esta lumbre a favor de bastardos,
siento la mirada de los simbolistas
aún sobre el acre boquete anaranjado de mi pecho
abierto, abierto.

Yo les hablé con un silencio helicoidal,
pero ellos callaban, miraban, erizados y exóticos,
pariendo en el nadir de lo frágil
bastos cánticos redondeando el vivaqueo
masculino de mis horas en la multitud desierta.

FULGORES, Y ODIOS

Contrita esperanza,
como de hulla y alambre;
tu corazón, monomaníaco antihéroe.
Tras inerme libertad:
agasajosas tumbas quebradas en su nada.
La pesadilla dentro, dentro.
A ti te alcanzan todavía
muchas pesadillas y a mí, a mí también.
A todos, quizás. ¿Quiénes son todos?
Todos, cizañando cárcavas y engreimiento.
De impenetrable levedad a zarpas:
la arratonada higiene moralista
y la fe, torpe locura.
Los diablos en compañía de demonios.
Ahí rebullen, ángeles
grises, demasiado calientes: estar amándonos
al borde de tantísima carroña,
entre fulgores, y odios.

NO HAY MUJER ESCAPATORIA

En la comedia opresora de toda lujuria;

que el universo sufra lo que sufro yo;

hendido entre las sombras en pedazos
de la boca esponjosa y caliente de otra.

La piel goza el aullido (tanto como el fuego goza);

que el universo sufra lo que sufro yo;

en la comedia opresora de toda lujuria.

EL MANIQUÍ CREADOR DEL ORBE

Para tentar abrupto subterráneos los placeres
rompí lo que no debía.

Estaba el tiempo sucio
del deber equivocado; yo estaba en mi jauría.
¡Bien sabes cuánto te desean:
oh gargantas de sirenas!
Exótico y culpable; el maniquí creador del orbe
no quiso hablarme. Mis manos cansadas.

Yo me derramaba de turbia insensatez
en el rellano de lo injusto,
abrasador y crédulo.
Nada ocurre que no sea la muerte y el silencio,
nada que no sean besos, puras abrasiones plateadas
contra las que no quise luchar.

CERO MULTIPLICADO POR NADA

Arriesgas la piel, la eternidad, la nariz y los pezones
(nunca el tedio habitando tu corazón
molido en vértigos).

Arriesgas aunque no lo sepas la anémona inguinal
de tu misericordia, el uso inmodesto
del calor del alma de los amigos
cuando hay dolor infalible, dolor fecundo.

Arriesgas las túnicas, el alba acuosa, el filo
argénteo del otoño turbio,
pero nunca las ciénagas del día pasado,
ni el veneno del amor, locura que ceba y enmohece,
y todo lo arriesgas, todo átomo, todo pálpito,
toda porción o toda pizca,
toda absoluta orgía exterminadora,
y todo es cero multiplicado por nada (poesía).

DE ESTE LADO DEL HAMBRE

Sé que no es justo. La frase misma es mentira,
la mentira del lector, del cantor,
del colosal verdugo con los labios sobre mí,
el condenado, el acechante, el intruso, el cínico,
pues qué ficción es la consciencia, es el Yo
y es el instante,
como el bien y como el mal,
como la nostalgia del tozudo otoño
y como el sanguinario denuedo del oro ejecutor,
que lejos de nosotros, monos, no existen.
Sé que no es correcto que te diga
te quiero.
Ahora
no.
Yo, absorbente heterodoxo, sé que el amor
tampoco existe,
no existe, no, más allá de lo corpóreo,
más allá de la náusea, del acertijo de lo avieso,
de las paredes del amargo tiempo,
porque la carne es límite,
porque lo desmedido del deseo son:
tu sexo y mi sexo (sin medrosa urgencia),
tus ojos y mis ojos (de este lado del hambre),
tu pecho alto sobre este poema
que canta la indecencia del depredador,
el vanidoso saneamiento de mi boca lerda,
el ladrido azul al compartir mi carne, tuya.
Sé que no es honesto.
Que el dolor es una fuerza demasiado blanca,

demasiado limpia, demasiado práctica.
Que al perdonarme, perdonas
esta cáscara sin fin, este absurdo arder,
multiplicar plegarias, despellejar axiomas,
luz bajo qué luz antifuriosa
contra impasibles lujurias que me aumentan
las ponzoñas
de fieros pezones que pasan,
de cálidas nalgas que pasan, pasan,
de labios hermosos que infeccionan soles.

AÚN CONTIGO

Usanza espuria del atardecer, aquí, contigo,
bajo las carmesíes pérgolas, las mismas galaxias,
sin que tú me veas, sin que yo te vea,
me redimas y me juzgues, me extingas, me acrezcas
o me caces con tu lanza hiriendo mi costado advenedizo,
porque bajo la piel me esperas, ya desnuda
en negraluz, en blancasombra: alma,
sofisma insepulto que asola cuanto es vida;
alunizaje electroquímico, del yunque y sus claveles;
silueta a pedazos, en óleos y lumbres difuntas.

TIRANO

El de las fábulas,
sexo, más sexo, tirano,
con capucha, fustas y penachos,
con esteras, cánulas y odres,
que subsiste a simple arpía
entre arpilleras y magulladuras
y latidos narcisistas,
que yerra
y ensancha, y no se desriza,
y acomete, y atolondra y cauteriza,
muy de insecto o de faquir,
con el ácido propicio
alardeando de caricias
que jamás, sí, jamás cicatrizan,
en galopada terca
cuando las ascuas agobian,
los caminos revientan,
y su aliento quema otros corales
como pechos entre los arbustos rojizos,
o allá en los túmulos acedos,
mientras las lunas naufragan
o reviven,
a martillazos iniciáticos,
a humo de cruda cordura,
su culminante cuchillo
sobre pubis
como el pan del inocente,
la terracota afilada de los moribundos,
la sólida melena del dios negro,

el magro torso caudaloso,
fornida hendidura,
sexo tirano,
torva alharaca cautiva,
que se añade, se emplastece,
se acuclilla y religa hocicos de azogue,
roba manzanas o las preña,
tala nudillos de legos, pretende
boatos de betún y salitre
al amparo
de la bóveda de sentimientos,
donde cuerpos y más cuerpos,
virutas de lo que se tornea, subsolar,
al son de medusas,
deshuesando la sombra
de los nidos de las golondrinas,
las llaves de la mar
sin luz,
como ángeles de rojas manos
en mi sexo,
tirano.

DEL VUELO DE SERPIENTES

¡Ah
la ramplonería del quejica individuo
justo cuando abril se desmenuza
en gimoteos profanadores
—otro año más al zurrón—,
y la noctámbula hinchazón del gemido
suelta navajazos y apremios!

Pero tú por cierto te arrepientes
con palabras mojadas, tú, y un sol arrugado
sorbe amargoso tus tinieblas
bajo el precipicio íntimo,
de hedor a macilenta hembra agotadora,
entre auxilios, tórpidos impulsos
que andan siendo tu vida.

¡Ah
la tosquedad del vuelo de serpientes!

HIMNO DE LO QUE NO AMAMOS

No querían saberlo; en el alto entierro
de sus hijos, de sus hijas;
arañando la ignorancia
cuando quizás la mentira del amor acabase,
pero ni así;
daba lágrimas despampanantes tanta verdad,
tanta amedrentada hoguera al fin
(manchada de doradas náuseas
que imitan lo fértil),
pues la extinción desea, mucho desea:
las regaladas visiones, las infecundas siluetas,
cuando los lobos mueren de miedo.

NINGUNA PUERTA MÁGICA
NINGUNA VENTANA MÁGICA

La ausencia hemos, ante los blancos ojos del fuego.
Un dedo apoyado en la sien
remedando el instante del cañón hirviendo
—del Cosmos descendiente fiero del Azar—
porque aún frecuento en mi memoria
las mordidas cópulas en luz;
un último fulgor de lobos destrozados;
amor es, amor que nada es, amor que nada somos
detrás de ninguna puerta mágica,
detrás de ninguna ventana mágica.

ESTRELLA

Derretidos dinteles de puertas y ventanas
que se engarzan y entretejen y te cierran el paso,
pero tú insistes, deseas dar tu cuerpo
a la espesura del umbral cerrado.
Sabes —ni sabes ni imaginas— que detrás
rebullen las encías cual tizones rechinantes
de la hembra octógona, de la hembra acantilada
que hallas sin misericordia
—¿en qué estación o sobre qué escenario?—
malogrando sus infiernos absolutos tras la siega
de juguetes rotos al anochecer,
tal si ardiesen en jardines comestibles
sus carnes con deslumbres de saliva tuya,
si logradas profecías en sus labios pequeños,
capturando tus besos crudos, violáceos.

AZUL Y SUCIA

Frugal, la estela gélida, sin música,
al alba entre los páramos,
que deja la piel dolida más allá del tacto,
semilla abierta y pulsante,
que suele penetrar brumas de hueso.
Las realidades cimbradoras, monstruosas,
como un fuego desmayado
en tus recuerdos terebrantes.
A tientas husmeas lo cotidiano
pero quién está, está, está velándote
desde el final hipnótico del fuego
(fondo) del espejo.
¿Quién, quién, quién?
Como bestias educando, noqueando
con su lívido silencio.
Abrigas la necesidad de rutilantes cenizas;
Acervo de oscuro. El poema se lava
las vísceras con tu cordura azul y sucia.

2

ZOOTROPOS DEL DERROTADO

1

No hubo clemencia para el abrumado
Ícaro
Solamente frágil y fugaz
locura amarilla desmenuzando
sus alas sin alma
Por un instante
piensas con dolor que tu carne y su carne
son la mentira perfecta de la nada

2

Al parecer estás aún vivo
Lo sabes (lo crees saber) por el sopor
de luz escueta y palpitante
de esta noche de tormenta
bajo el dominio de un salvaje dios
que nada—nada desea
ni su propia existencia ni la nuestra
en tan fundente enunciación
de máscaras—infinitas máscaras
de fuego atronador y lluvia amarga

3

Porque yo creo en un dios perseguidor
del bufón amanecer
del bufón atardecer
del bufón anochecer
Porque yo creo
en sus manados miedos abrasando
anonadados instantes
como el hartazgo del insecto
rompiéndose sin fin tras los cristales
—fútil fe y fija decadencia—

4

Nunca supe muy bien
qué fábulas —el agua al cuello
de los sueños
o la trampa cerrada del rapsoda solitario—
ni qué bella y ceñida ignorancia
—como destrucción silenciosa
en las noches de la vana carne—
fecundan (trágicamente expiado)
el poema

5

Vuelvo a la contemplación
de las hojas inmortales del viejo naranjo
No son espejos
y sin embargo en ellas se duplican
las fechas
los estigmas
las sempiternas espadas del sol
los fervores del indecible deseo

6

Qué fieramente lloraba mi cuerpo
Con qué primitiva y poderosa música
Mi cuerpo leyendo
el Poema que Dante creó para Beatriz
Qué fieramente lloraba mi cuerpo

Si este árbol mordiese otro amanecer
más cálido y secreto
(Las hormigas en las gélidas mañanas
bajando
subiendo de su ancho tronco)
Si otro sol rebosara en sus ramas
en sus largas hojas doradas y pálidas

8

Quien puede la ironía
lo puede casi todo

9

Antimágicos todocrueles
Siquiera ásperos en el ahogo místico
del perdurar
Escarban con sus picos
el vacío súbito
en los abismos de carbonizados cielos
más allá del ruego exacto
del primer instante del atardecer
Ah los invisibles pájaros

Evidencia fustigada
española o podrida
Azotados y vejados y estancados
por ignaros jerifaltes
(silvestres y mediocres)
Aquí nadie se queja
y quien se queja es escupido
una y mil millones de veces
por poner en duda el «paraíso»
que los vividores
malísimos gestores muy mal educados
construyen con tanto denuedo
para nosotros
Nosotros para ellos
carne de boñiga imbécil

Voy al jardín violeta
Fragancias crueles se endurecen
sin dificultad
sobre mis cicatrices
¿Qué hay en el jardín violeta
que tanto deseo?
Consulto heridas tan valiosas
como el odio pero estas callan
Su silencio
a veces es también poesía

12

Extenuado cántico de la tormenta
Entre sorderas y herrumbre
Entre remecimientos y brasas
Alejándose sin prisa de los apagados pájaros

13

Me levanté llorando
y con la boca invierno
Fría niebla exuberante
contra párpados decapitando párpados
en ambiciosa ingratitud estética
mientras lechosas las alhajas
de la lluvia fina
se desleían
contra el vetusto adoquinado

Traspuestos rescoldos aún se agitan
bajo las terribles alas
del nubarrón pantagruélico
Los dioses sin alma
perfeccionan sus miserias sacudiendo
las copas de los árboles perennes

Tocas carnes que se desabrochan y vomitan
sus esencias primorosas con un vasto dolor
y un vasto orgullo a infierno amado
Tocas lo que de verdad comprendes
en la vívida perseverancia de los días amargos

16

La frágil tristeza arrancada de los sueños
latido a latido
somos

Permíteme que te recuerde cuerpo mío
la ceniza
(otra inocente forma de la Nada)

17

Ostentación sin mesura
Así para el poeta
la fijeza abrupta de estos cielos
abrumados
por tan lastimero hechizo
en el empírico chasquido del ocaso

¿Qué ocurre entre un alma y su carne
después de la muerte?

El alma se mezcla veloz
con la gran lengua azul del universo
y se hace música
La carne se ausenta brutal
del resplandor de su negro oleaje
y se hace tiempo

19

Negra quimera del canto
asomando sus tiernos colmillos
en la tormenta bochornosa del estío
Como horror esplendente
Como la vanidad del nubarrón morado
eres en tu insomnio endurecido
bajo relámpagos y lluvia indubitable

20

El tiempo duele y no hay herida
que no albergue todo lo que somos siempre
Sequedad del miserable acontecer
entre delirios ufanos y fábulas espeluznantes

21

El TOC del Universo es el Tiempo

Ayer vi los aligustres cristalinos
embebidos de las fraguas plateadas
con su bella luz apátrida
volcada sobre el horizonte inapagable

23

¿Con qué justificar tus días
tus barros
tus anodinas reflexiones
tus fatigas y tus vehemencias
y el miedo amigo
del cansado y fidedigno *estar*?
¿Con qué justificar si quiera este poema
entre tantos otros
precisamente hoy
que duelen las palabras escritas o no escritas
que duele
el papel en blanco o garabateado?

24

No aferrarse jamás
jamás   jamás
a las bravatas de ningún político

25

Descalabrado estoy en esta gusanera
cuando en la noche
(bajo la macarrónica sinceridad
de la luz de las estrellas)
el último demonio del poema
se derrite entre mis labios abiertos
y de tu sexo
suben a mi boca versos desmembrados
como hijastros de mi hipocondría

26

Cáustico y vernal atardecer
Hallarnos desnudos en la casa vacía
de los Bermejales
luciendo sin pudor los tatuajes
del Averno mutuo
cuando tu boca exacta me traga
y nada soy (nada eterno)
salvo tu tenaz maná en otra órbita

27

Imagen de la noche sólida
de la frondosa y dubitable soledad
que quema hasta el fin
—toda verdad y toda espejismo—
como este poema aquí emergiendo
cenizoso pero cálido
untado de mi carne y mi silencio

De mi carne y mi silencio
¿Qué sabe de ellos el Universo?
¿Qué sabe de ellos?
¿Qué sabe?

29

Carcajean yermas brujas preñadas
por mendigos de oro
Temibles seres que otorgan falsos deseos
a los zafios y a los arrasados
De camino a escombreras doradas
ellas palpan mis sueños herméticos

Ahora hembra
darás de beber al universo el cianuro amable
de tu aquilatada sonrisa
Como sin darle importancia
Como avidez de afilada ambrosía goteando
de tu boca
a mi boca
Ahora sé que tú perdurarás
más allá del poeta y más allá del poema

31

Fiel orgullo de lo jamás moribundo
Escribir con la vigorosa y penetrante sencillez
de Li Qingzhao

3
TRALLA: SED: FE NEGRA

CUANDO LOS LOBOS SE MUEREN DE MIEDO

¡Ven gusano ven! ¡Acude sin demora al Poema!
¡Ven gusano ven! ¡Tu alma es todo el Verso!
Como brocamantón, como ungüento de cadenas: Luna.
En el rastrojo de los siglos y de las hemorragias.
Aletea enganchado a tus mejillas, oh el Signo del Cobarde
que tira de la manta y deja el firmamento
hecho unos zorros, zarzamoras o zarzaparrillas.
No atinar, no acertar, no desentrañar.
Todo es sempiterna excitación (tajos y bronca),
todo es estrecho garaje, acojonada eucaristía,
por ti gusano por ti,
por ti la tristeza multiplicada por fuelles
y divida por cántaros y elevada al prócer sueño erótico.
¿Qué sueñas siempre, di, que así te levantas?
Veo ya mi rostro distinto a mi carne y mi alma,
veo la deformidad del ventanal
y el sudor de los carteros
y la extraña gloria del aún hasta prevalecer
tu voz de triturado chaparrón y tus ojitos de sapito.
Pus o prevención de ganaderos y de pescadores
en la ceremonia ibérica de la desesperanza. Terruño.
Ni me conozco ni quiero en verdad conocerme.
¿Valdría realmente la pena?
Como La Pesadilla de Füssli o Maitreya:
estío de vientre, reptil eficiente, secreción de amantes;
por alcantarillas gigantes bien podremos ir y venir,
pues te deseo pero tú no comprendes
que mi carne joven es palangana de buitres,
te deseo como la cesta desea antebrazos,

como la hediondez gutural de los días resinosos.
Pajarracos terapéuticos se divierten como cucarachas.
¡Se divierten!
Ando arcadas, acudo a todos los rincones,
odio y ventoseo y arremeto contra lacios pueblos
cuando niños malos derriban encinas, pican sus culos,
sus flemas aturullan mondongos de hembras,
no habiendo coronas de caca revolada
pero sí Chupa Chups de pelo negro.
Aquí comienza la Noche ah de Guy Fawkes
junto al Salón de los Muertos de Asgard.
Noche ah negrísima en señal de castidad y reverencia,
mamando de dos vacas, de las también erizadas
plantas de algodón
entre axilares pretorianos y opiáceas brácteas
para que engorden los mismos, los mismos cerdos.
Y pudo haber sido peor.
La culpa se me engolfa, sacra violencia; levanta
el perro con flauta una pata y se alivia sobre los felpudos.
¿Qué hacer con el Virgo de Estrella gitana?
¡Para ponerme a salvo froté sus atributos indígenas,
y acto seguido un triste armadillo solar
prendió las panderetas y los cuernos de mi pasado
cristiano, y luego supe de las lágrimas de niñas malas!
A punto de perderlo todo menos la locura.
El interesado ombligo del paisaje incinerado chirría,
si sufres anemia en la lengua y en el hígado.
Hacia los 72 nombres de Dios se dirigen púas verdes,
se despeña el líquido Garbha Griha,
con asnos, con bellotas, con Fulgor y Parnaso,
mis sueños tímidos a veces para la traición y el repelús
de los Espesos Astros.

¿Lo común son ardentías y berrinches?
¿Un palo largo de fregona entre las cejas?
¿Chancleteo que recrimina el amor o la muerte?
Ahora España es un ilimitado y ponzoñoso
cartel de «Se vende» o «Se alquila».
Ahora España tiene lo que se merece, como Andalucía
desde hace tanto tiempo, tanto, que ya no queda
en ella espacio para los contrarios.
¡Arca de publicitarios jipidos!
Qué límites desbaratados en fugaz pocilga,
si este aire vano acarrea cadáveres de pie, de hierro,
junto a una mesa sin patas.
Como aseñoritados hijitos rubitos,
como pan de metafísica y bodrios de butaca cara.
Como La lámpara del Diablo de Goya,
beodos calcando Aquelarres,
los subsidiarios de un desgarro en un desgarro,
cuando los lobos se mueren de miedo.

AL MIEDO SE LLEGA

Al miedo se llega
por un día y una noche sin tus besos umbrosos;
acurrucado y espinoso,
ahora canto en tu noche como niño roto,
como embalse de estiércol irradiando
más que águilas purificadas,
como adelfa degollada sobre esteras pordioseras,
como piedra de los tímpanos fecundos,
como el infortunio,
mejor así
que entre las cacerolas mohosas si tus labios viajan
y yo ni me muevo y ya huelo el ocaso.
Al miedo se llega
con la cabeza reclinada sobre el cuerpo frágil y peludo
de una rata agonizante y púrpura;
lechosa tela de agujas,
las gargantas se nos hinchan
de terribles deseos
pero es que España chilla como fiel hetera espeluznante,
cuñada de puercos, a dos patas, a Pajares y Esteso.
Al miedo se llega
seminal y poluto; se llega torvamente
hastiado de los mamporreros Maoístas, Chavistas;
se llega con la revancha pegada a las camisas
mientras el calor de las víctimas
detiene relojes sin cuerda y ocas felices;
se llega nivelando aberraciones
para las majaderías plebeyas;
se llega opíparo entre hocicos sujetando hoces.

Al miedo se llega simplemente
porque nos comemos eviternos los unos a los otros
y en las oficinas, en los prostíbulos,
en los cotos de paja, en los gimnasios verdes y rojos,
en las praderas de cristal temblamos;
¿será comernos los unos a los otros como heces
contra claraboyas cerradas,
contra un caballo vivo sin vientre,
contra héroes famélicos, así contra la luna,
la luna, la luna apiñonada?
Al miedo se llega en emisiones candentes
de necia sombra clara: alma huesuda:
soledad del hombre y su balada:
petrificada adulación de ribosomas, cloroplastos
y vacuolas:
alma contagiada y contagiosa y vareada
cuando el miedo llega.
Al miedo se llega siguiendo abobado el aullido de plata
del severo universo.
Miramos a altas horas de la repugnancia
paisajes brutales, astros que hieden,
torpezas de tripas saciadas:
el miedo,
el miedo y sus atarquinadas quimeras.
El miedo, el miedo (repites), como si la tragedia
no hubiese
aún comenzado, cuando ya llegas tarde, muy tarde.
Al miedo se llega siempre, hagas lo que hagas,
deshagas lo que deshagas, siempre, siempre.
(Pretendemos que el instante no se apague,
que una brisa ebúrnea levante
los visillos mientras apretamos los dientes torcidos,

retorciendo narraciones con final feliz
para que nadie más goce
con el sabor de lo calamitoso, con el zirconio
de los condenados,
con la usura de las ridiculeces,
con el trigo amargo del breve tiempo del hombre,
con lo puro acorazado).
Al miedo se llega tras un coito dulcísimo de clavos,
chinchetas, púas, escalpelos, garfios, hachas,
estiletes y escarpias.
Al miedo se llega tal vez con la funesta esperanza
del desasimiento ordinario.
Las anfractuosidades de ángeles toscos
son esta prisión de mi acontecer carente y abusivo,
chorreante y vanidoso,
sumido en tragedias absurdas de voceada rutina,
de ganso agrio y solemne sol tóxico.
Al miedo se llega al menos cien millones de veces
a la hora,
al minuto, al segundo,
y mientras se llega o no se llega,
y mientras el otoño pudre mis manos o no las pudre,
el oxígeno que gasto se somete
al desagradecimiento integral
del vivir, vivir, vivir con ansias de vital averno
y corazón de margarina y postillas de impericia,
porque vivir impone imposturas en la noche
de las ataduras frías,
al introducir veloz los dedos en la laringe hexagonal,
atorada de mierda y oro del dios buido,
del dios sin Montes Pirineos,
del dios que visita a menudo Cuba

con las maletas repletas de jabones y bragas.
Al miedo se llega con los oídos lapidados,
con las narices pintadas de azul claro,
con los jugos gástricos hablando a solas.
Al miedo se llega abotargado del orgullo hetero,
lamiendo culos nunca antes lamidos,
o poniendo rojas las mejillas verdes
de los jóvenes expertos en desinflar inodoros
(se atornillan a la respiración de un feto africano
para recoger limosna),
en los albores o en las rajas del amor al prójimo,
que abastecen
de flaco furor al enemigo invisible como dejar entrar
en tu casa el tufo paleto de Tele5.

YES. YES. YES. WE LOVE DAN DEACON

1

We love Dan Deacon.
Y en ese amor dialogarán las placentas.
En ese amor. En ese apoyo plateado, de cartón,
de colirio, de enjambre, de pituitaria.
Y eunucos y payasos
zamparán arcángeles de mayonesa.
Y el cielo será como la espuma de la quinoa,
como un manojo de brócolis
en el almuerzo de los unicornios.
No seremos castigados por odios de pana.
Odios como el paroxismo pudibundo, hermano.
Seremos coriáceos, antipecunarios.
Como un mozo que muge
bajo este fuego impío del que se nutre el invierno.
Mozo que duerme abrazando anclas.
Estoy por ese amor mirando las manchas de luna
ciertamente tan lijosas.
Imploremos la inhacedera histeria
de los cuentos feroces
en el cobertizo que asusta al hombre
que trafica riñones de novias.
Y ahora laten las memorias USB, y los profiteroles
y los anticonceptivos y algunas conjeturas
de raza canina. Allí. Allí. Allí. Por ese amor.

2

Rehusados verdugazos: pedrerías andan
en sus chirimoyas.
También la prima de Espinete subía su cometa
en forma de bol y algo parecido al yogurt
colgaba seco de la boca de los chimpancés sin forraje.
En un corpiño de équidos. Crudeza hialina
procede a cerrar catedrales;
la gran estaca blanca entre las córneas. ¿Amor?
Chismorreos reunidos en la línea médica.
Satisfacción de uña rota
como el Servicio Técnico de Dios, que nada repara.
Ah viril. La gran ganzúa endoplásmica.
Poca cordura, que nunca beneficia a nadie.
Y eso que el amor hace con nosotros: apicultura.
Entre un bolo alimenticio y una jeringa:
las resinas opacas, del aparcamiento, al bastidor
acuoso del depredador de princesas, al holladero vil.
Matar relojes no es la solución.
Ni es trompa de neurosis,
mecheros de filósofos
kick boxing,
legados apetitos vaginales ni pipirigañadas urracas
ni sotanas de piscinas.
Parturientas de posada; pasteleras de Viagra.
Pez. Conjuntivitis. El incentivo de las comadrejas,
el débito de las mosquitas muertas.

3

Ese amor enjaula su costurero en otro espanto,
y nunca tiene abultado el vientre.
¡Qué trapatiesta! Sorprendidos, y célibes,
saltando a la comba, éramos aún fatídicos.
Toqueteando la pústula sexual reblandecida,
éramos enanos domadores
de bufones al tragar la paradoja de Easterlin,
con el cráneo con monedas
como Marco Licinio Craso, felicidad o ludibrio,
tras la yugular de barro sólido: pitos de tierra.
¿Por qué en otoño mis manos acrecientan
su pavura de verde magro impoluto?
Leche migada en las pupilas de los barrenderos,
picor en el alma y su fontanería,
como algodones, son tarántulas del fraude
en sus escobas estos días, estas horas, estos sueños;
pero no ese amor, ese amor que vuela
como a la búsqueda de la ternura perfecta
dañando lo menos posible el bazo y el esófago.
Alacranes de hierba salvo error tipográfico,
quietos están, muy quietos,
desollados, viviseccionados ante evaporadas lágrimas
o ante jóvenes sepultureros,
niños, aún si cabe más niños, impúberes desvalijados
que resolvieron no quejarse nunca más,
y están siempre quejándose...
Sentirse solo, solo, solo es el cosmos.
Rezongo sebáceo de putas que arden arriba de dios
es el tiempo.
Aún todo puede ser dicho; el macabro misterio

de una boca abierta, el islote verduzco con arañas
naranjas, el sarpullido aliviador de los seres ordeñados
por una calidez de asno, gorro y tejo.
Pasar la lengua por el hueco de las marionetas,
eso es lo que quiero.
Yes. Yes. Yes .We love Dan Deacon.

EL MANCHURRÓN DE LO EXCELENTE

Peacock Tail—La Arena Que Somos—El Dardo
de los Pecadores y el Barro Seco de «El Empíreo»
Que las cabezas rueden
caen pero no hacen ruido
caen pero no hacen ni pizca de magia
caen pero el poeta no puede detener su aspereza

Desmoronados bajo el cloroformo de una realidad
que pavonea su melena de niño equivocado—Arder Así:
vanidosos en desiertos de perfidia
Arder ya mismo y contra la vergüenza en Dárdanos
y contra la obsesión ideológica y contra
patronos y contra
sirvientes
Arder—

Trémulos como recebo de sílice
amamos los mensajes del suicida
que al final olvidó suicidarse—A los pies del Toro Lerdo
ventea la bravuconería extrema (Norte de Sevilla)

En Multitudes Desatornilladas, de Sílice—Narayan

¿Voy a soñar? ¿Voy a nacer en el verso?
¿Sube consciencia a filo de raíces; suben palabras
y revientan límites y todo es Noche?
¿Un poema (diga este lo que diga) con valor sin valor?
¿Un objeto sin objeto pero un pedazo de mí,
de otro yo, tú que soy sin luz, bajo este sol ignavo?

¿Escribo en mi nada este poema?
¿Este poema me escribe como un ojo mirando con terror
su verdadera ofuscación frente al espejo?

¡SÍ! y ¡NO!
Tras la mentira aparecen ecos de lascivas ideas
Pues cada Uno de Nosotros con su diminuta Verdad
¿qué habremos de hacer?

Arriñonada Esperanza en muletas—¿Quién la soporta?
La conjetura nociva SOY—pulcro espantajo
Sevilla la sucia vacía crepita—estío estoy con bayonetas
forzando los barrotes de un Edén protervo

El Poeta y Libídine—rapiñas—una lumbre necia
columpia tu sangre (felaciones y holganza)
El terrible perfeccionamiento que remoja tus ansias
Y no hay tributos—alguien que llora
se limpia en mí—se limpia el Alma sin Fondo
Por cierto—que nadie dude del horror del VERANO

Se atreverían. Con Refulgor de Miasmas: Adnan's—
Porque ya nunca más, la inocencia.
Unas cizallas rotas, el amanecer. Ya siempre.
Las almas beben continuas caricias
de olvido bermejizo
con el sencillo arrobamiento
de quien nada ha perdido ni nada ha ganado
Están Tiempo y Poesía entre lagrimales machacados
bajo las degeneraciones del alba

Contra el papel en blanco no hay consuelo

no hay consuelo ni abejorros ni dialectos sosegadamente
como se saca el hueso de la fruta
como se seca la flor humilde del jazmín
Contra la sangre roja en lo plúmbeo del simio
por lo común insatisfecho porque la muerte lo ama
y el dolor lo reverencia
Ved mi boca, astracanada de sílice
Ved mi pecho, trapería cosmológica
Ved mis manos, salmones del opio ad calendas graecas
¿Qué hace el poema solitario y esférico?
¿Qué hace el poeta en el vórtice o en la equidistancia?
Todos menos él lo saben
Hace
epistémicos e inicuos sucedáneos de la creación
si de Lobas Preñadas—sus Versos

SI ESTO ES UN POEMA

Si esto es un poema entonces qué ignorantes
y lascivos son mis días pasados y mis días venideros
y la cacareada crueldad de todo lo que ocurre
tras esta exagerada quemadura de exagerada belleza

En este poema os toparéis con la tersura aullante
de mis zarpas intangibles que rasgan entre vanos sueños
la epidermis de un amanecer tras otro

Si esto es un poema cada uno que siga su camino
mientras se encallece el sollozar del diablo
y cantan pájaros bajo las aguas
y braman los poetas que no temen a la muerte

Si esto es un poema qué ingrata es la realidad
y el paroxismo de aquellos que no sufren laberintos
dentro del pecho porque su gozo es siempre gozo necio

Si esto es un poema habrá que inventar otro futuro

ÍNDICE

ÍNDICE

1

ATERRIZAJE EN LA HERIDA

2

ZOOTROPOS DEL DERROTADO

3

TRALLA: SED: FE NEGRA